EL PARAÍSO DE LOS VERSOS

Diana Rodríguez

EL PARAÍSO DE LOS VERSOS

EDITORIAL
LETRA MINÚSCULA

Primera edición: septiembre de 2022
ISBN: 978-84-19538-07-9

Editado por Editorial Letra Minúscula
www.letraminuscula.com
contacto@letraminuscula.com

Gracias a mi familia
y a todos mis compañeros
por aguantarme.

Índice

VIDA

El alma se esculpe
con nuestras vivencias
y se rige
por nuestros sentimientos.
A veces se llora,
a veces se ríe
y otras se debate
entre la vida y la muerte
de la soledad.
Pero, al fin y al cabo,
la vida es vida,
con problemas,
con aciertos e infortunios.
Nos ponen a prueba
y hacen que nos perdamos
para luego encontrarnos.
Sentir es lo que vale
y lo que mata o salva el corazón.

SOLLOZOS

Hoy mis lágrimas
ruedan por mi cara
preocupada por el mañana,
por lo que nos deparará
el destino
y a dónde irán a parar
nuestras vidas;
si sobreviviremos a este virus
y a la propia vida;
si la resistencia
se volverá contra nosotros;
si la locura
se apoderará
de nuestro ser
o simplemente perderemos
en este gran tablero de ajedrez,
donde nos harán jaque mate
y dirán: «Fin del juego».

AMIGO

Los sentimientos no perdonan
que la persona falle
en los malos momentos
y no acompañe al herido
en su pena y desgracia,
sin palabras de ánimo,
sin abrazos ni besos,
de esos que tienden la mano
para que la soledad
sea menos dolorosa.
Y al final,
solo te queda pensar
que, frente a las desgracias,
tú eres tu único amigo,
pues nadie quiere
a una persona que no haga
nada más que llorar.

MIL RAZONES

Dando mil razones
al corazón
para excusarse
en una sin razón,
en un sin vivir,
en un percance
que no tiene fin,
en algo tan sencillo
y a la vez
tan complicado.
Es una cosa difícil
de explicar,
pero no de sentir,
de hablar,
de encontrar.
«Hablamos del amor».

NO TE VAYAS

No me abandones, amor.
No me dejes, corazón
porque no aguanto
tu ausencia
en mi vida.
Ya solo me queda
mi alma herida y clavada
por tu adiós furtivo y malherido.
Condenada estoy en este mar
de aguas bravas
que mi corazón altera,
dejando aparte la razón
y sin saber bien cuál es su posición.

AYER

Ayer creí
que, entre la neblina,
te me ibas, te me ibas.
Y luego recordé
que fue un mal sueño
que empecé
y el cual no quise
reconocer o ver.
Tú en tu mundo,
yo en el mío
y cada cual
con su lío.
Y solos
ante el peligro
nos quedaremos
tú y yo,
amor.

LA GENTE

Hay gente
que nació para ganador,
y ahora no saben ser el perdedor.
Se inventan
que libraron batallas,
que lucharon,
incluso que defendieron
causas honradas.
A fin de cuentas,
solo llevaron la intención,
pero en la práctica
nunca sucedió
y nadie se lo reclamó.
Por tanto, todo quedó
en un fallo sin recomendación
porque nadie lo consideró.

MISERIAS

Miserias escondidas
en la gente mundana,
odiadas y queridas.
A veces incomprendidas,
sátira de mentiras inconfesables,
en la oscuridad vagabundeando van.
Y en medio del desconcierto
no saben de qué hablar.
Y entonces piensan en la felicidad
que jamás lograron
y quizás no puedan alcanzar.
Mentiras a los mentirosos
y verdades a aquel
que, como yo,
algún día se las creyó
y luego después se arrepintió.

TRISTEZA

Si me pongo a escribir,
no me salen versos.
Si me pongo a reír,
solo me salen lágrimas.
Las palabras se me agotan
y la realidad me sobra.
Mi alma
llora y añora
aquellos tiempos en los que olvidaba
porque, sin saber,
era una loca cuerda
que, con la verdad,
su realidad un día cambiaría.
Me dan ganas de llorar,
de gritar,
pues es un sentimiento
tan profundo y hondo
el que llevo dentro de mí
que nadie sabe el penar
que hay en mi pobre corazón.

ALEGRÍA

Siento dentro de mí
una alegría
que no puedo expresar
ni contar.
Es algo tan grande
que no puedo expresar con palabras
cuándo es alegría o cuándo es tristeza
porque mi corazón piensa
en que quiere ser feliz
mientras mi alma expresa estar triste.
Me contradigo
todos los días de mi vida.
Y por eso
por la mañana me levanto
lozana y vivaracha.
Pero, a medida
que pasa el día,
me siento débil y frágil.
Y al final pienso
en ser fuerte y sobrevivir en este mundo.

SE PERDIERON LOS VERSOS

Se acabaron los versos
porque los poetas
dejaron de escribirlos.
Se perdieron
entre noches de tristeza e ilusión.
Los retazos de poesía
ya no existían
porque no había de qué escribir.
Los viajes y sus paisajes
habían dado paso
a un triste y desolador
paraje de pena y dolor.
Ahora solo queda esperar
que la normalidad
consigamos recuperar.
El folio en blanco,
en el que nuestra vida
se convirtió,
que a partir de ahora
tenga un montón de momentos
que podamos escribir
en nuestros versos.

LA SONRISA

Aquella sonrisa
que me espera.
Aquella caricia
que me reservas.
Aquella mirada
que te guardas.
Aquella palabra exacta
que me regalas.
Aquel verso
que me prestas.
Aquel beso
que me das.
Aquel amor incondicional
que siempre en mí encontrarás.

MAR

Mar de mis anhelos
que te escondes
en el océano inmerso.
Mar que permanece
pidiendo,
suplicando,
con el ruido de sus olas,
que alguien pueda escuchar
su lamentar
de que algún día
nadie en su corazón
le pueda llevar;
que nadie le oiga
al viento susurrar;
que ya se cansó
de golpear y golpear
sus olas
contra las rocas
porque tú y los demás
no lo sepáis escuchar.

QUIERO VIVIR

Murieron ya mis penas,
y ya vivir
no es una condena.
El alma ya no está sujeta.
Actúa libre y sin consecuencias,
pendiente de lograr
la serenidad y la calma
que en mí habita.
Y soy la luz al despertar,
por tanto, mis palabras,
alto y claro, se escucharán.
Y allí donde haya un lamento,
una sonrisa se pondrá;
donde haya odio y rencor,
nada se podrá hacer ya.

MI AMOR

Ojos negros,
labios carmesís,
piel de melocotón.
Es la combinación perfecta
para no dejarte escapar.
Solo una tonta
dejaría de amar
a lo más bello y hermoso de la tierra.
Sería aquella idiota
que deja volar
su única oportunidad
de encontrar lo que unos pocos
hallan en realidad.
Se llama amor
y provoca abrazos
en el corazón
y firma un pacto
en el que no hay retorno
a lo de antes de ser amada,
pues es el amor
que te acoge
ya no te deja ir.

MUNDO

Desde mi habitación
tejo los hilos
que sujetan la marioneta
en la que yo sobrevivo al mundo,
e intento que este
no me sobrepase a mí
y me deje tirada a mi suerte
en esta locura llamada vida,
que me abandona
en el ahogo de no poder respirar
porque la ansiedad puede más
y casi acaba conmigo.

EL HOMBRE DE MI VIDA

Perlas blancas son tus ojos,
negro azabache tus pupilas,
rojo carmesí tus labios,
plateado tu cabello
que se desliza
como agua entre mis dedos.
Tu corazón es oro puro y grande
como ningún otro.
Sedosas son tus manos
que acarician mi pelo.
Y cada vez que te veo,
no hago nada más que pensar
en cuánto te quiero.

LA MARCHA

Tres suspiros lancé al aire.
Uno por quien se había ido,
otro por el que se quedó
y aquel por el que no conoceré
tras el aliento de mi esfuerzo
por saber quién hay detrás de esa silueta
que me quiere conquistar,
si será bueno o normal,
y si me haría por él apostar
si conmigo se quisiera quedar.

EL DON

La inspiración
es un don.
El amor
es un privilegio.
El destino
es un plato
que se sirve frío.
Las palabras
se las lleva el viento.
Y el corazón
es un mandamiento divino
en el que no debe existir dolor
porque el amargor
solo trae desgracia
y algún que otro sofocón,
los cuales rinden gran devoción
a la pena y al desamor.
Mientras naufraga el llanto,
la sonrisa todo lo eclipsa.
El llanto desaparece
y la memoria
a su vez se engrandece.

PESADILLAS

Los días pasan
y las noches no dejan dormir
porque las pesadillas
vuelven una y otra vez;
porque el malestar y la angustia
rodean nuestras vidas
y nos hacen entristecer
y nos avocan a la soledad más absoluta.
El miedo se apodera
de nuestros sueños
y no nos deja continuar
y seguir adelante.
El alma se pudre
y el corazón se resiente
y se miente así mismo:
que toda irá bien
y esto acabará...
aunque en el fondo sabes que no es así.

PALABRA FEA

La envidia
es una palabra muy fea
y un sentimiento
que refleja la maldad
del ser humano.
Cuando alguien la utiliza
hacia tu persona,
es que está vacía
y su interior
es negro y oscuro,
y la utiliza
solo para hacer daño.
Es el refugio
que se ha montado
alrededor de este sentimiento
que es tan duro y cruel
y está perjudicando
a otra persona.
A ella no parece importarle,
solo quiere que tu vida
no terminé bien
porque en el fondo disfruta con ello.

EL VACÍO

Sufriendo,
malviviendo,
castigando mi mente,
mi memoria
recuerda mi triste historia
con un vago recuerdo
de un ayer
que venció
su desamor,
su desaliento,
su sin razón
de vivir
por seguir viviendo;
de amar
por estar sintiendo;
de querer
por buscar
algo tan dentro;
de tener vacío
por no hallar
ningún sentimiento.

LUCERO

En el cielo
hay una estrella
que brilla por encima
de todas las demás.
Es de gran luminosidad,
y si la miro yo,
resplandece aún más.
Se escapó
de una cajita de sueños
que un día se rompió.
Entre los dos
la fabricamos,
y por un error
lo echamos a perder todo,
mi amor.

FELICIDAD

Es aquella palabra
que da alegría
cuando se nombra
y que se disfruta
cuando se tiene.
Es ese momento
en el que todo es verdadero
y nada es fingido.
Es un sentimiento
que se sabe que está
cuando se lleva dentro
y se siente.
Cuando la tienes cerca,
su calor te arropa,
y si no, su frío te hiela.
Así que abrígate con ella
y hazla tuya
porque, en el fondo,
es tu única amiga y compañera.
Y con ella a tu lado,
puedes hacer lo que quieras.

TU TE LO BUSCASTE

¿A veces sí?
¿A veces no?
Son los dictados del corazón.
¡Oh tristeza que mañana arderá
en el fuego del dolor y el desamor!
¿Nada ni nadie
derrumbará este amor?
Pues para eso ya estoy yo
porque tus palabras de ayer
no me gustaron,
por enésima vez,
y ya no lo soporto más.
Por eso hoy te dejé
muriendo de pena...
porque no cambiaste
tu forma de ser.

MIRAR HACIA DELANTE

En tu caminar
te encontré
triste y solo,
sin saber
por dónde volver
a emprender de nuevo
el camino,
sin que me pudiera torcer.
Mientras tanto, mi alma
se resentía
y ya no podía más
con tanta venganza
repartida con cuentagotas,
con sabor amargo,
pero con un toque dulce servida
porque venía de tus labios de piñón
que destinaban besos a mi corazón.

CORAZÓN DOLORIDO

Me duele el corazón
cuando no encuentro
una explicación
a un vocabulario
seco y vulgar
que me hace llorar.
Cuando creo
que tendría que buscar
la verdad,
no encuentro
nada más que falsedad...
porque ya no tengo alma
dentro de este pecho,
solo hay rabia y mucho fuego:
un fuego radiante e intenso
que no puedo apagar,
el cual no me deja descansar.

ESA FLOR

La flor más hermosa
se esfumó
una mañana gris
de un día triste.
Cuando nadie la veía,
ella se escondía
en su pequeño paraíso.
Y a medida
que pasaba el tiempo,
se marchitaba
cada día más y más.
Tras su tristeza sumergida
y en el abandono perdida,
dos lágrimas perla
de sus ojos cayeron
por su cara terciopelo,
que hicieron de ella
un ángel caído del cielo.

PRESENTE

Hoy en día,
en el ahora,
es lo que se vive.
El quizás
ya no existe
porque ha dado paso
a lo que pasará mañana.
La gente viene y va
como alma en pena,
sin poner rumbo fijo
a su destino.
El ayer en pasado está,
el presente es lo importante
y el futuro no se sabe.
A mi entender,
la vida es bella
y el amor la cubre con su manto.
Y un halo de felicidad
la riega por donde pasa.

CARIÑO MÍO

Dame cariño.
Dame amor.
Dame tu fuego.
Dame tu calor,
que es lo que quiero yo.
Dame tus ojos
que me miran…
Y tus labios
que me desean,
y haz conmigo
lo que tú quieras.

A LA DERIVA

Hoy faltan las palabras de aliento
el *te quiero* que madruga
para dar paso al *puedo*
cuando el *quiero*
llama a la puerta del corazón,
y donde el sentido
pone la razón
para el bien común;
donde la cordura
no tiene hueco
porque el mundo
se ha vuelto loco
y ha dejado a la deriva
a la gente que lucha y es valiente,
y premia
al sinvergüenza
que fastidia a la gente…
¡No se puede entender!

LAS RUINAS

Mi corazón
esta en ruinas.
Mi alma,
hecha pedazos.
Mis lágrimas
son sollozos
que lavan mi cara
y dejan
que la luz de la mañana
recaiga en mis pestañas
y al reflejo del sol
dé brillo y color
a esta oscuridad
en la que vivo en soledad:
soledad triste,
soledad enemiga,
soledad dolorosa...
que cuando se queda clavada,
no hay quien la arranque.

DESEOS

Son los deseos
los que nos mantienen
con la ilusión del primer beso;
los deseos
de los sueños por cumplir;
la palabra mágica
que nos hace
sonreír
y quitarnos la máscara
de la tristeza,
pensando
en la alegría
de alcanzar la meta
de lo que soñamos en realidad.

IMAGINACIÓN

Camino de la buena suerte...
A la espera de encontrarla,
sintiendo que se escapó
y me abandonó a la deriva,
perdida en un lugar
que no es el mío;
sintiendo que el alma
va por un lado
y el pensamiento por otro.
Me imagino en un lugar
sin problemas:
un lugar que no tenga
quebraderos de cabeza,
donde todo se resuelva
y se olvide lo pasado.
Me imagino
que las cosas saldrán bien
y que todo volverá a ser
como un día fue.

AMISTAD

Amiga,
hoy te sientes
sola y dolorida.
Amiga,
hoy nadie
te consuela
y vas por la vida herida.
Amiga,
hoy sabes
lo que es
no ser correspondida,
que el amor
que te quería
te dejara
bien malherida,
perdida en la noche,
derrumbada en el día
y triste frente
al amanecer de un nuevo día.

TU CAMINO

Hoy decides
encontrar tu camino.
Te lo ponen
muy difícil,
pero tu tesón
es más fuerte
que los obstáculos
que deberás atravesar,
que los daños
que sufrirás
y los percances
que te encontrarás.
Tú sientes
que los necesitas
para continuar
porque los problemas
son parte de ti
y vais unidos los dos.
Por eso la solución
está en cargar con ellos
y coger las riendas de tu vida.

CARICIAS OLVIDADAS

Te quiero abrazar,
pero no puedo.
Quiero que vuelvan
los besos y las caricias,
los amores
de noches perdidas,
una buena charla
con una cervecita
en alguna terraza,
un sueño de verano
con escapada de fin de semana,
los viajes por París
de interminables besos
que buscan furtivos
una boca a la que besar.
Echo de menos
tus palabras tranquilizadoras
cuando los nervios me saturan.
En definitiva,
te necesito más hoy,
pero no menos que mañana.

RENDICIÓN

El alma se rinde,
el corazón aumenta
su latir
porque se siente solo y agobiado,
prácticamente desheredado
y fuera de protagonismo
de cierta categoría.
Solo presagia
que el futuro
es triste y amargo.
Cuando él ya no puede más,
se derrumba
y no comprende
su razón de existir,
incluso de vivir.

SOPLO DE AIRE FRESCO

Ráfaga de viento
que golpea mi cara
y siente mi pelo…
Se refleja
en la esencia
de mi alma
y escucha
el latido rápido
de un corazón
fuerte y sano
que lucha por vivir
cada día
en este mundo complicado,
en el que siente
que su forma
de ver las cosas
está fuera de lugar;
un mundo
en el que no entiende
la postura de la gente
en ciertas circunstancias de la vida.
¡Con lo bello que es vivir
sin estar amargado por las cosas tristes!

HABLAR POR HABLAR

Tantas palabras
abandonadas a su suerte,
destinadas a la miseria,
las cuales, a veces,
suelen ser desgraciadas
y otras afortunadas.
Son palabras,
con verdades o mentiras,
que te llevan a la bondad o a la ira
sin mucha dificultad.
Son palabras,
nada más,
que te hacen reír o llorar.
Son palabras
de aliento
tristeza o soledad,
pero, a su vez,
pueden ser
de alegría, emoción y corazón.
Son palabras
que del alma salen,
y otras que, por defecto,
son de odio y rencor.
Son palabras de amor, fragilidad y humildad.

UNA GRAN PERSONA

Hoy pereció una gran persona
que, siendo toda corazón,
en todas las almas reinó
y entre nosotros nunca murió
porque el alma y la reina de la fiesta
siempre vivirá
en cada uno de nuestros corazones.
Cada vez que organicemos
alguna celebración,
tu recuerdo siempre estará presente.
Tu cuerpo habrá perecido,
pero tu alma
estará más viva que nunca
y siempre a nuestro lado acompañándonos.

VOCES SABIAS

Hoy las historias
son mayores
que las voces sabias
que a lo lejos
se las oye hablar
y decir con sabiduría:
«Yo de esto no opinaría»,
pues por ello
murieron infelices;
que creyeron firmemente
en historias,
en batallas
que ninguna lucha ganará
como es, por ejemplo,
la lucha de la búsqueda de la verdad.
Que si la dices
nadie la quiere escuchar,
pero les encanta mal interpretar
y cambiarla
según les pueda interesar.

ELLA, MI POETISA

Perdido en la locura,
en mis noches de insomnio,
desvelado por algo
que me tiene intranquilo,
por algo perdido:
mi razón de vivir.
«Ella»,
esa poetisa
disfrazada de musa mágica,
que me contagia con su fragancia
y me embruja de tal manera
que solo puedo pensar
en tocar su piel
y besarla también.

PASATIEMPO

Tu cuerpo
es mi pasatiempo.
Tus labios,
mi camino.
Tus ojos,
mi sentimiento.
Tu fragancia,
el olor de mis versos.
Tu cara,
la esencia
de mi vida.
Por ella
todo lo daría...
Por un beso tuyo...
Aunque solo
uno fuera...

POESÍA

Tus palabras
eran mi poesía.
Tu amor,
mi clamor.
Cada día,
por todas las esquinas,
vocea nuestro amor.
Lo gritaba
a los cuatro vientos:
¡lo mucho que te quiero!
Tú eres
mi mundo entero.
Y eso
es lo mucho
que te quiero.

EL FUEGO

Del fuego encallada
en la raíz del árbol de la vida
que renueva y reforma
una vida entera,
llena de alegrías,
llena de tristeza,
y a veces de penurias
y malas cosechas
que, con el tiempo,
también deshechas.

LAS ROSAS

La rosa
que tenía espinas
se me clavó en el corazón
y me hizo soñar
convirtiendo mi alegría
en mis ilusiones,
y haciéndome despertar
con los rayos del sol
que en mi carita
se iban a reflejar.

www.ingramcontent.com/pod-product-compliance
Lightning Source LLC
LaVergne TN
LVHW091236150826
845673LV00003B/1169